JESUS CRISTO

O Maior CEO de todos os tempos.

A Verdadeira Medida de um Líder não está no Seu Cargo, mas no Seu Sacrifício.

I0446829

Paulo Ehms

MMXXIII

Para solicitações de permissão e feedback entre em contato :

ehmsbooks@yahoo.com

Conteúdo

Jesus Cristo

O Maior CEO de Todos os Tempos

A Verdadeira Medida de um Líder não está no Seu Cargo, mas no Seu Sacrifício

No mundo empresarial contemporâneo, a figura do CEO é emblemática do sucesso e da liderança eficaz. CEOs são visionários, estrategistas e, acima de tudo, gestores que inspiram ação, inovação e lealdade. E se olhássemos para trás, para um dos líderes mais influentes da história, e o considerássemos sob a mesma luz? Este livro propõe fazer exatamente isso, analisando a vida e os ensinamentos de Jesus Cristo através da lente da gestão empresarial moderna.

A idéia de Jesus como CEO pode parecer anacrônica ou até irreverente à primeira vista. No entanto, ao considerar os fundamentos da liderança — estabelecer uma visão, construir equipes, inspirar confiança, inovar e superar adversidades — encontramos paralelos surpreendentes entre os ensinamentos bíblicos e as práticas de liderança contemporâneas. Jesus não apenas fundou uma organização — a Igreja — que perdura por mais de dois milênios, mas também demonstrou princípios de liderança que transcendem o tempo e o contexto cultural.

Este livro não é uma dissertação teológica, nem pretende ser um manual de negócios dogmático. Em vez disso, é uma exploração de como os eventos e parábolas da vida de Jesus se assemelham à jornada e aos desafios de um CEO moderno. Do recrutamento dos Doze Apóstolos — sua "equipe executiva" — ao manejo de crises e ao estabelecimento de um legado duradouro, a narrativa bíblica oferece um terreno fértil para lições de liderança.

Através deste livro, empresários, gestores e líderes encontrarão uma nova perspectiva sobre os desafios do dia a dia. Ao adaptar as estratégias de Jesus aos negócios modernos, podemos descobrir abordagens inovadoras para a liderança que promovem um impacto positivo, sustentabilidade e um sentido de missão que vai além dos lucros e métricas.

Então, convido você a abrir sua mente e explorar comigo as possíveis aplicações dos ensinamentos de Jesus no ambiente de negócios de hoje. Juntos, vamos desvendar como o maior líder da história poderia muito bem ser considerado o maior CEO de todos os tempos.

Capítulo 1

Visão e Missão - A Fundação da Liderança Transformacional

Neste capítulo, mergulhamos profundamente na essência da liderança exemplificada por Jesus Cristo, observando como ele estabeleceu uma visão e uma missão que continuam a ecoar com grande força e relevância mais de dois milênios depois. Ao analisar cuidadosamente os métodos e a comunicação de Jesus, é possível compreender como ele criou uma fundação sólida que impulsionou movimentos históricos e transformações sociais significativas. Este mesmo princípio de uma base sólida e bem articulada é fundamental para CEOs contemporâneos, que precisam definir claramente e comunicar com eficácia suas visões e missões organizacionais, conduzindo suas equipes através dos complexos desafios do mundo corporativo moderno.

A Visão Transformacional de Jesus

Analisando com atenção o 'Sermão da Montanha', descobrimos não apenas um discurso espiritual, mas um manifesto detalhado que delineou claramente uma visão poderosa e atraente de um futuro ideal. Além disso, estabeleceu um conjunto profundo de valores humanos e espirituais, que em muitos aspectos se assemelha a uma declaração contemporânea de missão corporativa. Esse sermão foi fundamental porque conseguiu inspirar e unir pessoas diferentes em torno de uma causa comum, algo que líderes históricos como Martin Luther King Jr. e CEOs inovadores como Steve Jobs fizeram com sucesso, promovendo mudanças profundas e inovação contínua.

Jesus não apenas falou sobre uma visão utópica, mas demonstrou em sua vida e ações concretas o significado dessa visão, exemplificando liderança pelo exemplo - um princípio crucial para líderes empresariais contemporâneos que desejam criar confiança e coesão em suas equipes.

O 'Sermão da Montanha' como Missão Corporativa

Um aspecto particularmente fascinante do 'Sermão da Montanha' são as Bem-Aventuranças, que apresentam valores como misericórdia, justiça, pureza de coração e pacificação. Transpostos para o contexto empresarial contemporâneo, esses valores equivalem a uma defesa vigorosa da ética empresarial, da responsabilidade social e do compromisso com o bem-estar humano e ambiental. Empresas modernas como Patagonia, conhecida pelo compromisso ambiental, e Google, que enfatiza inovação ética, ilustram claramente como uma missão orientada por valores autênticos pode não só definir estratégias empresariais, mas também impactar positivamente as operações diárias e criar lealdade entre funcionários e clientes.

Além disso, o compromisso com esses valores pode criar uma identidade corporativa forte e diferenciada no mercado altamente competitivo atual, promovendo uma imagem pública positiva e uma conexão emocional profunda com os consumidores.

A Parábola dos Talentos e a Importância de Visão na Liderança

A conhecida parábola dos talentos destaca com clareza a importância da gestão eficaz de recursos e a necessidade de crescimento e inovação constantes, refletindo perfeitamente os desafios enfrentados pelos CEOs modernos. Um exemplo notável disso é Anne Mulcahy, ex-CEO da Xerox, que conseguiu realinhar radicalmente a visão e missão da empresa, evitando uma falência iminente e restaurando sua posição no mercado global. A aplicação prática dessa parábola no mundo corporativo contemporâneo é corroborada também pelas teorias modernas sobre liderança e motivação, como aquelas propostas por Daniel Pink, que enfatiza a importância da motivação intrínseca e de um propósito claramente definido como base para um desempenho superior e sustentável.

Portanto, ao aplicar esse ensinamento bíblico, os líderes empresariais são incentivados a promover não apenas eficiência econômica, mas também uma cultura organizacional centrada em crescimento pessoal e coletivo.

As Implicações da Visão e Missão de Jesus para CEOs Modernos

Transportar os ensinamentos e a abordagem visionária de Jesus Cristo para o contexto atual das empresas oferece uma perspectiva poderosa e prática sobre liderança transformacional. Simon Sinek, um dos mais influentes pensadores contemporâneos em liderança, afirma que líderes eficazes devem sempre "Começar com o porquê", destacando a importância crítica de uma missão central que inspire e mobilize equipes e stakeholders. Tal perspectiva ecoa profundamente a clareza de propósito que Jesus demonstrou em sua liderança, um elemento que também foi essencial para líderes históricos como Winston Churchill, especialmente em tempos de crise.

Essas implicações demonstram claramente que a clareza, a comunicação eficaz e a coerência entre ações e valores são absolutamente fundamentais para qualquer líder contemporâneo que pretenda ter sucesso duradouro.

Concluímos este capítulo sintetizando como a visão e a missão exemplificadas por Jesus Cristo transcendem o âmbito estritamente religioso, constituindo-se em princípios universais de liderança atemporal e altamente aplicáveis ao mundo dos negócios contemporâneo. Além disso, destacamos que a ética e a filosofia subjacentes a esses conceitos encontram ressonância nas ideias filosóficas históricas de pensadores influentes como Aristóteles e Immanuel Kant, sugerindo que uma gestão empresarial eficaz vai além de simplesmente gerar lucro imediato. Trata-se essencialmente de inspirar pessoas, liderar com integridade e promover um propósito maior que transcenda objetivos meramente financeiros.

Este capítulo representa apenas o início de uma jornada profunda e transformadora que buscará explorar como os princípios e ensinamentos de Jesus podem lançar luz sobre as práticas modernas de liderança, e como CEOs e líderes empresariais, ao adotarem tais princípios, podem não apenas conduzir suas organizações ao sucesso econômico, mas também transformar positivamente as vidas das pessoas ao seu redor.

O Sermão da Montanha – Sabedoria para os Tempos Modernos

Hoje, mais do que nunca, enfrentamos desafios que exigem sabedoria profunda, clareza de propósito e coragem para agir com justiça e compaixão. Se Jesus Cristo estivesse diante de nós neste exato momento, talvez suas palavras soassem assim:

Bem-aventurados os humildes, pois liderarão com integridade e compaixão, e suas ações construirão pontes em um mundo dividido.

Bem-aventurados aqueles que sentem a dor do mundo e buscam justiça, pois serão agentes de mudança e inspiração para muitos.

Felizes são os humildes, aqueles que sabem escutar e valorizar os outros, pois criarão comunidades fortes e unidas.

Felizes são aqueles que têm sede de justiça e igualdade, pois construirão sociedades mais justas e sustentáveis.

Abençoados sejam os que praticam misericórdia e perdão, pois serão exemplos vivos da paz e da reconciliação.

Bem-aventurados são aqueles cujo coração é puro e honesto, pois serão capazes de ver claramente os caminhos para soluções genuínas.

Felizes são aqueles que promovem a paz, pois serão reconhecidos como verdadeiros líderes e transformadores sociais.

Fortes e abençoados são aqueles que permanecem fiéis aos seus valores, mesmo quando criticados, pois eles construirão legados duradouros.

Vocês são como luzes em um mundo muitas vezes escuro. Não escondam seu brilho; inspirem pelo exemplo, ajam com compaixão e sejam modelos vivos dos valores que proclamam.

Sobre o Julgamento e a Empatia

Não julguem rapidamente, mas procurem compreender, ouvir e aprender antes de apontar falhas. Compreendam que com o mesmo rigor com que avaliam os outros, vocês também serão avaliados.

Façam aos outros exatamente o que desejariam que eles fizessem a vocês; esta é a base fundamental de qualquer relacionamento saudável e sustentável, pessoal ou profissional.

Sobre Prioridades e Ansiedades

Não vivam aprisionados pela ansiedade sobre o amanhã, pois cada dia tem suas próprias batalhas. Foquem no essencial, nos valores que são eternos. A vida é mais valiosa que a mera acumulação material, e a verdadeira riqueza está em relacionamentos e propósito.

Observem a natureza ao redor de vocês: se Deus cuida tão bem dela, quanto mais cuidará de vocês, que têm valor imenso aos Seus olhos? Confiem nisso e vivam com gratidão.

Sobre a Resiliência e Fundamentos Sólidos

Aquele que ouve estas palavras e as coloca em prática é como alguém que constrói sua casa sobre um fundamento sólido e seguro. Quando chegam tempestades, desafios e dificuldades, sua vida permanece firme e intacta, porque está alicerçada em princípios sólidos e verdadeiros.

Por outro lado, aquele que ouve mas não age com coerência é como alguém que constrói sobre areia instável; quando os problemas surgem, sua estrutura desmorona rapidamente.

Sobre a Autenticidade e Consistência

Sejam coerentes em tudo o que fizerem, vivendo suas crenças e ideais em cada ação e decisão. Uma vida autêntica não é medida por palavras, mas pela consistência de suas ações e pelo impacto positivo que deixam na vida dos outros.

Hoje, mais do que nunca, precisamos de líderes que encarnem essas verdades atemporais. Líderes que tenham coragem de amar e servir, que enfrentem as adversidades com calma e clareza, e que cultivem um legado duradouro através da empatia, inovação e compromisso com o bem comum.

Ao seguir este caminho, vocês não apenas transformarão suas vidas e suas organizações, mas também criarão uma sociedade mais justa, compassiva e sustentável. Este é o verdadeiro legado que permanece, e esta é a liderança que realmente transforma o mundo.

Capítulo 2

Construindo uma Equipe - As Estratégias de Recrutamento e Diversidade de Jesus

O sucesso de qualquer organização depende fortemente da força, coesão e diversidade de sua equipe. Jesus compreendeu profundamente essa realidade e cuidadosamente escolheu seus discípulos, cada um com habilidades, origens e personalidades distintas, para formar um grupo que transcenderia gerações e impactaria profundamente a humanidade. Neste capítulo, examinaremos detalhadamente como Jesus identificou, recrutou, desenvolveu e gerenciou seus seguidores, e exploraremos os ensinamentos valiosos que esses métodos oferecem para a construção de equipes altamente eficazes na gestão moderna.

Seleção dos Doze Apóstolos: Estratégias de Recrutamento

Ao selecionar seus discípulos, Jesus não seguiu critérios tradicionais de recrutamento que enfatizam apenas qualificações técnicas ou sociais. Em vez disso, ele escolheu indivíduos com diferentes origens e características, incluindo pescadores simples, como Pedro, André, Tiago e João; um cobrador de impostos, Mateus, que era mal visto pela sociedade; e Simão, o zelote, um militante político fervoroso. Essa abordagem não convencional destaca sua capacidade de identificar potencial humano onde outros viam limitações. Líderes empresariais contemporâneos adotam estratégias semelhantes ao recrutarem pessoas com habilidades únicas ou com experiências que não se encaixam necessariamente em perfis tradicionais. Exemplos claros disso incluem empresas como Google e Tesla, que frequentemente contratam profissionais vindos de diversas disciplinas, criando equipes criativas e inovadoras.

Diversidade e Inclusão: A Equipe de Jesus

A diversidade foi uma característica fundamental do grupo formado por Jesus. Sua equipe reunia pessoas de diferentes classes sociais, mentalidades e profissões, algo bastante inovador para a época. Pesquisas contemporâneas mostram que equipes diversas são mais criativas, inovadoras e resilientes, uma realidade comprovada por estudos realizados por instituições como IBM e McKinsey & Company. Esses estudos confirmam que empresas que cultivam diversidade de gênero, etnia, cultura e experiência são significativamente mais bem-sucedidas em termos financeiros e operacionais. Jesus antecipou esse conceito ao reunir um grupo heterogêneo que, apesar das diferenças, compartilhou um objetivo comum claro. Líderes empresariais atuais, como Tim Cook da Apple e Sheryl Sandberg do Facebook, enfatizam constantemente a importância da inclusão e diversidade como pilares para a sustentabilidade e sucesso organizacional.

Gerenciamento de Personalidades Diversas

Jesus demonstrou excepcional habilidade em lidar com a diversidade de personalidades e temperamentos dentro de sua equipe. Ele navegou eficazmente pela impulsividade e entusiasmo de Pedro, pela introspecção e ceticismo de Tomé, e enfrentou diretamente o desafio da traição de Judas. Esses exemplos são valiosas lições sobre a importância da inteligência emocional, empatia e adaptabilidade na liderança moderna. CEOs contemporâneos como Satya Nadella, da Microsoft, ressaltam constantemente a importância de cultivar empatia, autoconhecimento e compreensão para liderar equipes diversificadas com sucesso. Empresas modernas investem significativamente em treinamentos de inteligência emocional e habilidades interpessoais justamente para replicar essa capacidade de gestão eficaz das diferenças humanas.

Empoderamento e Delegação de Autoridade

Jesus não apenas selecionou uma equipe diversificada, mas também capacitou seus discípulos através da delegação significativa de autoridade. Ao enviar os discípulos para pregar independentemente, ele demonstrou confiança plena na capacidade individual e coletiva deles. Esta prática está alinhada aos princípios modernos de empoderamento organizacional, onde os funcionários recebem autonomia suficiente para tomar decisões importantes e implementar ideias inovadoras. CEOs como Mary Barra da General Motors e Reed Hastings da Netflix defendem ativamente a importância da delegação como um meio vital de estimular a inovação, aumentar a motivação e garantir a agilidade organizacional em ambientes corporativos altamente competitivos.

Cultura de Equipe e Resolução de Conflitos

Conflitos são inevitáveis em qualquer grupo humano, e a equipe de Jesus não foi exceção. Várias passagens bíblicas documentam desentendimentos entre seus seguidores, seja pela busca de reconhecimento, discordâncias ideológicas ou falhas de comunicação. No entanto, Jesus consistentemente promoveu uma cultura de abertura, diálogo e perdão, mostrando que conflitos não são problemas insuperáveis, mas oportunidades de crescimento. Modelos modernos de resolução de conflitos, como o modelo desenvolvido por Kenneth Thomas e Ralph Kilmann, sublinham a eficácia da abordagem empática e dialógica que Jesus utilizou, ensinando líderes empresariais como criar ambientes saudáveis onde conflitos sejam geridos positivamente e usados como motores para o desenvolvimento organizacional.

Investindo no Desenvolvimento Contínuo

Jesus constantemente investiu no desenvolvimento de sua equipe através de ensinamentos, reflexões e feedback contínuo. Ele criou um ambiente onde os discípulos podiam aprender e crescer continuamente, algo essencial nas modernas práticas de gestão de talentos. Empresas como Microsoft, Google e Amazon enfatizam fortemente o desenvolvimento contínuo e a capacitação profissional de suas equipes, proporcionando oportunidades de aprendizagem constante, treinamento e feedback regular, algo já praticado por Jesus em sua liderança diária.

Encerramos este capítulo reforçando que construir uma equipe eficaz vai além de simplesmente recrutar indivíduos talentosos. A verdadeira liderança envolve a capacidade de identificar potenciais ocultos, cultivar a diversidade genuína, gerenciar diferenças interpessoais, empoderar com confiança e investir continuamente no desenvolvimento dos colaboradores. A abordagem inclusiva, diversificada e empoderadora adotada por Jesus fornece um modelo atemporal e inspirador para líderes modernos.

Este capítulo, enriquecido com exemplos contemporâneos e análises aprofundadas sobre as práticas de liderança de Jesus, visa servir como um guia robusto para CEOs e gestores que desejam criar equipes fortes, motivadas e resilientes, preparadas para enfrentar os desafios complexos e dinâmicos do futuro.

Capítulo 3

Gerenciamento de Conflitos - Harmonizando Divergências à Maneira de Jesus

O conflito, presença inevitável na trajetória humana, pode representar tanto o maior desafio quanto a maior oportunidade de crescimento dentro de qualquer organização. Jesus, um dos maiores líderes transformacionais da história, não fugiu dos conflitos, mas enfrentou-os diretamente com coragem, sabedoria e profunda compaixão. Suas ações, repletas de autenticidade e coerência, ensinaram princípios eternos sobre resolução, reconciliação e construção de relações duradouras. Neste capítulo, aprofundamos como Jesus enfrentou esses desafios e como suas estratégias podem ser traduzidas em práticas modernas eficazes de gestão, especialmente em áreas críticas como comunicação transparente, prática do perdão genuíno e resolução proativa de conflitos.

Ensinamentos sobre Perdão e Resolução de Conflitos

O perdão não é meramente um conceito espiritual abstrato, mas uma ferramenta poderosa e pragmática no gerenciamento eficaz dos conflitos. Jesus não apenas pregou sobre o perdão, ele o viveu integralmente, exemplificando a importância de liberar mágoas e reconstruir relações quebradas. No contexto corporativo contemporâneo, adotar uma cultura de perdão promove ambientes mais saudáveis, onde equipes se sentem seguras para inovar sem medo de errar. Empresas como Pixar exemplificam essa filosofia, valorizando o aprendizado contínuo e vendo os erros como oportunidades para melhorar e crescer coletivamente. Ao fomentar um ambiente onde o perdão é valorizado, líderes modernos não apenas solucionam conflitos, mas fortalecem os vínculos interpessoais e impulsionam a criatividade e colaboração.

A Ênfase na Comunicação Aberta e Honestidade

Jesus era mestre na comunicação clara, direta e profundamente significativa. Utilizando parábolas e analogias, ele conseguia traduzir complexas verdades em mensagens acessíveis e memoráveis. Esse estilo ressoa fortemente na gestão moderna, onde a clareza e a transparência são essenciais para manter a confiança dentro das equipes. Líderes empresariais como Indra Nooyi, ex-CEO da PepsiCo, adotam essa abordagem franca e honesta, criando uma cultura organizacional de abertura, confiança mútua e diálogo contínuo. Ao promover uma comunicação honesta, os conflitos podem ser resolvidos rapidamente antes que se tornem prejudiciais, criando um ambiente de trabalho mais harmonioso e produtivo.

O Exemplo de Lavagem dos Pés: Humildade na Liderança

Ao lavar os pés dos seus discípulos, Jesus inverteu completamente as expectativas tradicionais sobre liderança e hierarquia. Com esse gesto simples, porém profundamente simbólico, ele demonstrou que liderança verdadeira está baseada na humildade, no serviço aos outros e na disposição de colocar as necessidades coletivas acima das individuais. Essa prática é vivenciada hoje por líderes inspiradores como Ken Frazier, CEO da Merck, que enfatizam a importância de escutar e aprender com todos os níveis organizacionais. Esse estilo de liderança humilde facilita a resolução pacífica de conflitos ao criar um ambiente de respeito mútuo e consideração genuína, onde todos se sentem valorizados.

Gerenciamento de Conflitos com Empatia e Assertividade

Jesus combinou de maneira singular a empatia genuína com assertividade clara. Ele compreendia profundamente as emoções e perspectivas das pessoas, mas não hesitava em agir com firmeza e decisão quando necessário. Este equilíbrio é crucial para a liderança eficaz em tempos modernos. Um exemplo notável disso é Satya Nadella, CEO da Microsoft, cuja liderança empática, aliada à capacidade de tomar decisões assertivas, permitiu uma transformação cultural significativa na empresa, reduzindo conflitos e estimulando a colaboração criativa. Líderes modernos que incorporam empatia com assertividade são mais capazes de resolver conflitos de maneira construtiva, preservando relacionamentos valiosos enquanto mantêm objetivos estratégicos.

Lições de Jesus sobre Conflitos Interpessoais e Organizacionais

A dinâmica interpessoal entre os discípulos, marcada frequentemente por disputas por prestígio e posição, reflete perfeitamente as dinâmicas internas comuns em organizações modernas. Em resposta, Jesus enfatizou continuamente a importância do serviço ao próximo como forma de verdadeira grandeza. Este princípio é claramente refletido na cultura organizacional da Southwest Airlines, onde servir aos clientes e colegas de equipe constitui um valor central, diminuindo disputas internas e criando uma organização vibrante, coesa e comprometida. Aplicar essa filosofia nas organizações contemporâneas pode transformar disputas por poder em colaborações produtivas e harmoniosas.

Conclusão e Perspectivas Futuras

Este capítulo reforça a ideia de que o gerenciamento eficaz de conflitos não apenas é possível, mas também essencial, ao adotar práticas inspiradas em Jesus de comunicação transparente, empatia sincera, humildade autêntica e perdão verdadeiro. Ao integrar esses princípios históricos com técnicas contemporâneas comprovadas de gestão, os líderes modernos podem transformar os conflitos, normalmente vistos como destrutivos, em oportunidades valiosas para fortalecimento relacional, aprendizagem contínua e crescimento organizacional. Assim, conflitos tornam-se meios eficazes para aprofundar a compreensão mútua, promover uma cultura colaborativa e alcançar resultados duradouros e sustentáveis. A abordagem de Jesus oferece inspiração e um caminho prático para líderes comprometidos em criar organizações mais humanas, resilientes e unidas.

Capítulo 4

Empoderamento e Delegação - A Maestria de Jesus em Confiar e Fortalecer

O verdadeiro teste de liderança frequentemente reside em além da capacidade de realizar tarefas, sobretudo na habilidade de confiar em outros e empoderá-los genuinamente. Jesus demonstrou maestria excepcional neste aspecto, equilibrando perfeitamente o ato de delegar responsabilidades com a capacitação profunda de seus seguidores. Ele delegava tarefas, mas mais do que isso, ele empoderava as pessoas para que crescessem, florescessem e assumissem responsabilidades com confiança e propósito. Este capítulo examina como o exemplo extraordinário de Jesus em delegar e empoderar pode enriquecer e transformar as práticas de liderança corporativa contemporânea, criando organizações vibrantes e líderes excepcionais.

Delegação com Propósito: As Missões dos Discípulos

A delegação na liderança de Jesus era estratégica e cuidadosamente intencional. Ao enviar setenta discípulos, dois a dois, para preparar seu caminho, Jesus não apenas lhes deu tarefas, mas promoveu autonomia genuína, crescimento pessoal e aprendizado prático. Ele demonstrou confiança absoluta na capacidade deles, criando oportunidades significativas de desenvolvimento. Em um contexto moderno, líderes como Mary Barra, CEO da General Motors, adotam essa mesma abordagem estratégica, capacitando líderes internos a tomarem decisões alinhadas aos objetivos gerais da empresa, promovendo uma liderança descentralizada, que aumenta a agilidade, inovação e engajamento.

Desenvolvendo Líderes Através da Delegação

Jesus compreendia profundamente que a delegação eficaz é crucial para desenvolver líderes resilientes e capazes. Ao enviar Pedro e João para organizar a Última Ceia, ele não apenas confiou-lhes uma responsabilidade logística, mas também envolveu-os profundamente em uma experiência de liderança simbólica e espiritualmente significativa. Esse método reflete a filosofia contemporânea de liderança praticada por Jack Welch na General Electric, que reconhecia a importância vital da delegação e da mentoria na formação dos futuros líderes da organização, fortalecendo continuamente a capacidade e o potencial interno da empresa.

Empoderamento para Tomada de Decisão

A capacidade de empoderar seus discípulos a tomar decisões independentes é ilustrada poderosamente quando Jesus dormia no barco durante uma tempestade. Sua aparente ausência momentânea permitiu que os discípulos enfrentassem e resolvessem problemas por si mesmos, promovendo crescimento e autoconfiança. Essa abordagem encontra paralelo nas práticas de líderes visionários como Sundar Pichai do Google, que enfatiza a importância de empoderar equipes para descobrir soluções inovadoras autonomamente, construindo um ambiente de confiança profunda, criatividade ilimitada e inovação contínua.

Consequências da Delegação: Enfrentando os Erros

Jesus compreendia plenamente que delegar implicava riscos, inclusive o de erros e falhas, como exemplificado na negação de Pedro.

Entretanto, ele via essas falhas não como momentos de derrota, mas como preciosas oportunidades de aprendizado e crescimento. Da mesma maneira, Jeff Bezos na Amazon promove uma cultura onde falhas são consideradas etapas essenciais rumo à inovação e ao progresso significativo, encorajando equipes a arriscar, aprender e evoluir continuamente.

Resolução de Problemas e Autonomia

Jesus frequentemente incentivava seus discípulos a pensar criticamente e resolver problemas de forma independente. Quando confrontados com a necessidade de alimentar milhares de pessoas, Jesus perguntou primeiramente aos discípulos como resolveriam o desafio antes de intervir com a multiplicação dos pães e peixes. Este método eficaz estimulava autonomia, criatividade e iniciativa. Satya Nadella, CEO da Microsoft, implementa princípios semelhantes ao incentivar uma cultura organizacional centrada em crescimento contínuo, aprendizado autônomo e resolução proativa de problemas.

Finalizamos este capítulo reconhecendo que o empoderamento e a delegação são ferramentas poderosas e transformadoras, especialmente quando aplicadas com a sabedoria e intencionalidade demonstradas por Jesus. Líderes contemporâneos podem extrair inspiração valiosa desse modelo para criar uma cultura robusta e autossustentável de liderança, que incentive inovação, responsabilidade coletiva e crescimento individual.

Delegar não é apenas uma necessidade operacional; é uma oportunidade estratégica para cultivar talentos, fortalecer relacionamentos interpessoais e preparar as organizações para desafios futuros com coragem e confiança. O legado inspirador deixado por Jesus oferece um guia prático para implementar práticas de empoderamento e delegação eficazes, ilustrado com exemplos tangíveis e relevantes de líderes empresariais contemporâneos. Ao adotar esses princípios profundamente humanos, líderes modernos podem não só impulsionar resultados excepcionais, mas também construir equipes resilientes, adaptáveis e profundamente engajadas, capazes de transformar positivamente suas organizações e comunidades.

Capítulo 5

Estratégias de Marketing - Comunicando a Visão Através de Parábolas e Ações

O marketing eficaz não se resume simplesmente a promover produtos ou serviços; trata-se de transmitir uma mensagem poderosa que ressoe profundamente com o público, inspirando ações autênticas e duradouras. Jesus Cristo exemplificou essa capacidade magistralmente, utilizando parábolas e ações simbólicas que não apenas comunicavam claramente sua visão, mas que também tocavam os corações e as mentes das pessoas. Neste capítulo, vamos explorar profundamente como os métodos de comunicação únicos e eficazes de Jesus podem ser integrados às estratégias de marketing contemporâneas, enfatizando a importância vital da autenticidade, impacto emocional e consistência nas mensagens corporativas.

Parábolas como Ferramenta de Comunicação Eficaz

Jesus foi um comunicador excepcional, capaz de transformar conceitos complexos em histórias envolventes, memoráveis e significativas. Suas parábolas transmitiam sabedoria profunda, e acima de tudo criavam conexões emocionais intensas e duradouras com seus ouvintes. Essa técnica narrativa, cheia de simbolismo e simplicidade, pode ser claramente observada nas estratégias das marcas mais influentes da atualidade. A Apple, por exemplo, transcende a venda de produtos ao compartilhar narrativas que encapsulam um estilo de vida desejado e uma filosofia inovadora. Através dessas histórias autênticas, a Apple cria não apenas clientes, mas verdadeiros entusiastas e defensores da marca, assim como as parábolas de Jesus inspiravam e mobilizavam multidões.

A Multiplicação dos Pães e Peixes e o Conceito de 'Viralização'

A multiplicação milagrosa dos pães e peixes realizada por Jesus simboliza o poder extraordinário de um ato singular para gerar atenção em massa e impacto social significativo. Este evento tornou-se conhecido rapidamente, capturando a imaginação e disseminando a fama de Jesus por vastas regiões. No contexto moderno, esse efeito "viral" é precisamente o que empresas buscam em suas campanhas de marketing. Marcas como a Red Bull exemplificam perfeitamente isso através de eventos ousados e campanhas impactantes que atraem atenção global instantânea, gerando entusiasmo viral e fortalecendo substancialmente o reconhecimento de marca.

Construção de Marca Através de Ações e Valores Consistentes

O ministério de Jesus foi profundamente caracterizado por consistência absoluta entre suas ações e mensagens. Ele viveu plenamente os valores que pregava, construindo credibilidade, autenticidade e confiança profundas entre seus seguidores. Esta abordagem destaca a importância crítica da consistência na construção da identidade de marca contemporânea. Empresas como a Patagonia, que integram rigorosamente práticas sustentáveis em todas as suas operações e estratégias de comunicação, demonstram claramente como a autenticidade consistente fortalece enormemente a confiança e lealdade dos consumidores, criando uma base sólida e duradoura para a marca.

Marketing de Relacionamento: A Abordagem Pessoal de Jesus

Jesus compreendeu profundamente a importância essencial dos relacionamentos pessoais e da construção de comunidades fortes e engajadas na disseminação eficaz de sua mensagem. Este princípio fundamental tem importância ainda maior no marketing moderno, onde o engajamento personalizado e as experiências individuais são chave para fidelizar clientes e criar defensores apaixonados pela marca. Empresas como a Zappos destacam-se ao colocar o atendimento excepcional ao cliente no centro de sua estratégia, transformando interações rotineiras em experiências memoráveis que geram verdadeira lealdade e apoio emocional à marca.

O Uso de Símbolos e Ações Simbólicas

A entrada triunfal de Jesus em Jerusalém no Domingo de Ramos e a Última Ceia exemplificam poderosamente o uso estratégico de símbolos e ações simbólicas para transmitir mensagens significativas e profundas. Essas ações memoráveis comunicavam valores essenciais, gerando impacto emocional duradouro. No contexto empresarial, marcas influentes como a Nike utilizam símbolos como o icônico "swoosh" e associações com figuras inspiradoras para comunicar de maneira poderosa seus valores fundamentais e aspiracionais. Esses símbolos tornam-se representações visuais e emocionais poderosas da identidade e propósito da marca.

Concluímos este capítulo destacando que as estratégias inovadoras e profundamente autênticas de marketing utilizadas por Jesus - parábolas impactantes, ações simbólicas marcantes e construção de relacionamentos autênticos - oferecem valiosas lições práticas e inspiradoras para líderes empresariais contemporâneos. Ao incorporar esses princípios eficazes, marcas podem criar campanhas de marketing mais profundas, autênticas e impactantes que não apenas informam o público, mas que o inspiram e mobilizam de forma duradoura.

Este capítulo visa capacitar líderes empresariais com perspectivas inovadoras sobre como comunicar suas visões de maneira genuinamente inspiradora e eficaz, utilizando histórias significativas, símbolos marcantes e ações autênticas que ressoem profundamente com seus públicos, fortalecendo constantemente os valores fundamentais da marca e construindo conexões emocionais fortes e sustentáveis.

Capítulo 6

Liderança Servidora - O Exemplo Supremo de Humildade de Jesus

A liderança servidora, conceito cada vez mais reverenciado no mundo corporativo contemporâneo, encontra sua expressão mais poderosa e inspiradora na figura de Jesus Cristo. Ao desafiar radicalmente as estruturas tradicionais de poder e hierarquia, Jesus estabeleceu uma nova forma de liderar que coloca o serviço genuíno, a humildade e o cuidado com os outros no centro de todas as decisões e ações. Este capítulo analisa profundamente como a liderança servidora exemplificada por Jesus está intimamente conectada às teorias e práticas modernas de liderança e como esses princípios podem transformar positivamente culturas organizacionais, tornando-as mais sólidas, humanas e empáticas.

Lavando os Pés dos Discípulos: Humildade na Prática

Um dos exemplos mais marcantes e revolucionários da liderança servidora de Jesus foi o ato simbólico e profundamente significativo de lavar os pés de seus discípulos. Ao realizar essa tarefa reservada aos servos mais humildes, Jesus demonstrou que a verdadeira grandeza na liderança reside no serviço abnegado e na humildade autêntica. Esse ato inspirador ressoa profundamente nas práticas contemporâneas de líderes empresariais como Ken Chenault, ex-CEO da American Express, que priorizou consistentemente as necessidades e o bem-estar de sua equipe, estabelecendo uma cultura organizacional baseada no respeito mútuo e no compromisso genuíno. Através da prática da liderança servidora, Chenault não apenas fortaleceu a lealdade e o engajamento dos funcionários, mas também promoveu um ambiente de trabalho que valoriza o crescimento pessoal e coletivo.

A Liderança pelo Exemplo e Servir aos Outros

Jesus não somente ensinou o conceito de servir aos outros, ele viveu intensamente essa filosofia em cada aspecto de sua vida, tornando-se o maior exemplo possível desse princípio. Em um ambiente corporativo moderno, liderar pelo exemplo é crucial para criar autenticidade, respeito e confiança nas relações interpessoais. Howard Schultz, fundador da Starbucks, adotou esse modelo ao oferecer benefícios significativos aos funcionários, incluindo educação universitária gratuita. Sua abordagem proativa e centrada no bem-estar dos funcionários criou uma cultura organizacional onde cada membro se sente valorizado e motivado, refletindo diretamente na qualidade do atendimento ao cliente e na performance geral da empresa.

Empatia e Escuta Ativa na Liderança Servidora

A capacidade excepcional de Jesus em estabelecer conexões profundas com as pessoas, ouvindo atentamente e demonstrando empatia genuína, sublinha a importância crítica dessas qualidades na liderança moderna. A empatia e a escuta ativa não apenas fortalecem as relações interpessoais, mas também são essenciais para entender as necessidades e os desafios enfrentados pelas equipes. Líderes como Satya Nadella da Microsoft exemplificam o poder transformador dessas habilidades. Sob sua liderança empática, Nadella transformou a cultura organizacional da Microsoft em um ambiente muito mais inclusivo, inovador e voltado para o desenvolvimento humano e profissional.

Desafios da Liderança Servidora

Embora a liderança servidora ofereça inúmeros benefícios transformadores, ela também apresenta desafios reais e complexos. Um dos principais desafios é equilibrar o compromisso genuíno em servir e apoiar as equipes com a necessidade de manter autoridade clara e eficaz na tomada de decisões críticas. Indra Nooyi, CEO da PepsiCo, enfrentou diretamente esses desafios ao implementar políticas inovadoras de bem-estar e desenvolvimento dos funcionários, mantendo simultaneamente a eficiência operacional e competitividade da empresa no mercado global. A habilidade de equilibrar autoridade com serviço eficaz é fundamental para o sucesso da liderança servidora, exigindo constante autoavaliação e adaptação.

Sustentabilidade e Legado através da Liderança Servidora

Mais do que apenas uma abordagem ética e empática, a liderança servidora representa uma estratégia poderosa e sustentável para criar organizações duradouras com um legado positivo significativo. O ministério de Jesus resultou em um movimento que ultrapassou séculos, sustentado por valores profundos e ações coerentes. Analogamente, a Patagonia, sob a liderança de Yvon Chouinard, mostra como uma liderança genuinamente servidora pode integrar práticas sustentáveis e uma cultura organizacional baseada em serviço e propósito. A Patagonia não apenas prosperou financeiramente, mas também conquistou um profundo respeito global por sua integridade e compromisso com o bem-estar coletivo e ambiental.

Conclusão

Concluímos este capítulo reconhecendo que a liderança servidora, conforme ensinada e vivida por Jesus, representa uma filosofia poderosa e profundamente transformadora para organizações contemporâneas. Ao adotar os princípios de humildade, serviço autêntico e empatia genuína, líderes modernos podem criar culturas organizacionais fortes, resilientes e altamente comprometidas. A prática constante da liderança servidora promove não apenas um ambiente de trabalho positivo, mas também estabelece as bases sólidas para o sucesso duradouro e um legado que transcende gerações.

Líderes empresariais são convidados a abraçar a liderança servidora não como uma fraqueza ou renúncia de poder, mas como uma estratégia efetiva e profundamente humana para elevar suas equipes, fortalecer relacionamentos interpessoais e potencializar a inovação e excelência organizacional. Colocar as necessidades e o desenvolvimento dos outros em primeiro lugar, exatamente como fez Jesus, é a chave para liberar plenamente o potencial humano e alcançar uma liderança verdadeiramente transformacional e inspiradora.

Capítulo 7

Gestão de Crises - A Tranquilidade e a Perspicácia de Jesus em Tempos de Adversidade

Em momentos de crise, a verdadeira essência da liderança emerge com clareza, revelando a força interior, a serenidade e a capacidade inabalável de agir com propósito determinado. Ao longo da história, Jesus Cristo demonstrou essas qualidades de maneira extraordinária, enfrentando desafios extremos com uma serenidade que transcendia circunstâncias adversas, oferecendo não apenas soluções imediatas, mas lições profundas que resistem ao teste do tempo. Este capítulo explora detalhadamente como as estratégias adotadas por Jesus para lidar com crises severas podem iluminar caminhos para líderes empresariais contemporâneos, proporcionando insights valiosos para enfrentar dificuldades com compaixão genuína, clareza estratégica e convicção inspiradora.

A Calmaria no Meio da Tempestade

Uma das histórias mais marcantes da liderança tranquila de Jesus é a passagem em que Ele acalma uma tempestade violenta, trazendo tranquilidade onde havia caos. Esse episódio simboliza profundamente a essência da verdadeira liderança em tempos difíceis: manter a calma e demonstrar confiança que inspira segurança e estabilidade nos outros. No mundo empresarial moderno, líderes como Warren Buffett, conhecido por sua abordagem calma e racional durante crises econômicas, personificam essa característica. Buffett tornou-se um porto seguro para investidores preocupados, proporcionando uma orientação clara e tranquilizadora através de comunicações ponderadas e decisões equilibradas, resultando na proteção e crescimento contínuo dos negócios mesmo em meio à turbulência financeira global.

Preparação e Vigilância Contra a Complacência

A parábola das dez virgens ressalta fortemente a importância crítica da preparação e vigilância constantes em face da incerteza do futuro. Jesus ensinou que aqueles que permanecem preparados estão melhor equipados para enfrentar desafios repentinos e inevitáveis. Em um contexto empresarial, essa mentalidade é vital para líderes eficazes. Sundar Pichai, CEO do Google, exemplificou perfeitamente esse princípio durante a pandemia global, antecipando-se às mudanças necessárias e preparando proativamente sua empresa para a transição ao trabalho remoto antes mesmo que isso se tornasse obrigatório. Essa abordagem permitiu que o Google permanecesse eficiente, produtivo e unido durante uma das maiores crises de nossa geração, demonstrando a importância da vigilância estratégica e da adaptabilidade organizacional.

Limpeza do Templo: Ação Decisiva Frente ao Problema

A ação decisiva de Jesus ao expulsar os mercadores do templo exemplifica a necessidade imperiosa de enfrentar diretamente problemas sistêmicos e agir com convicção para proteger valores fundamentais. Essa clareza de ação decisiva é essencial na liderança moderna, especialmente diante de questões sistêmicas profundas que exigem intervenções firmes e imediatas. Rosalind Brewer, CEO da Walgreens, exemplifica essa atitude ao enfrentar questões complexas e sensíveis relacionadas à igualdade racial, adotando medidas claras, consistentes e visíveis para melhorar a diversidade e a inclusão em sua empresa, mostrando que a liderança decisiva pode redefinir a cultura organizacional e fortalecer os princípios éticos e morais da organização.

Foco na Missão em Face do Perigo

A determinação inflexível de Jesus ao enfrentar o inevitável destino em Jerusalém é uma lição poderosa sobre o valor do compromisso absoluto com a missão, mesmo diante do perigo iminente. A capacidade de permanecer fiel à missão, independentemente das circunstâncias externas, é essencial para uma liderança eficaz em crises. CEOs como Ursula Burns, da Xerox, demonstraram esse compromisso ao manter uma visão clara e consistente durante períodos difíceis de reestruturação e desafios competitivos, garantindo que suas equipes permanecessem alinhadas aos objetivos essenciais, reforçando o propósito organizacional mesmo sob pressão intensa.

Comunicando com Propósito Durante Crises

Mesmo nos momentos mais difíceis, a comunicação de Jesus permanecia clara, firme e profundamente reconfortante. Suas palavras orientavam e ofereciam conforto e clareza em momentos críticos, proporcionando direção e esperança mesmo em meio à adversidade. No cenário corporativo atual, líderes como Arne Sorenson, ex-CEO da Marriott International, adotaram essa mesma abordagem transparente e honesta ao enfrentar crises, como a pandemia de COVID-19, transmitindo mensagens diretas e reconfortantes que reforçaram a confiança dos colaboradores e stakeholders. A habilidade de comunicar-se com propósito e transparência é essencial para gerenciar eficazmente crises e preservar a integridade e coesão organizacional.

Construindo Resiliência Organizacional para o Futuro

A abordagem de Jesus às crises combinava não apenas a calma e a serenidade, mas também uma profunda compaixão e uma ação estratégica claramente orientada por sua missão maior. Isso não apenas resolvia problemas imediatos, mas preparava seus seguidores para futuras adversidades, fortalecendo a resiliência pessoal e coletiva. Líderes empresariais que adotam essa perspectiva não apenas solucionam crises imediatas, mas também criam organizações mais robustas e resilientes a longo prazo, capazes de enfrentar desafios futuros com coragem e confiança renovadas. Ao cultivar uma cultura de compaixão, clareza e convicção, eles transformam crises em oportunidades para crescimento significativo e fortalecimento organizacional duradouro.

Conclusão

Encerramos este capítulo reconhecendo que a abordagem singular de Jesus à gestão de crises oferece um modelo excepcionalmente poderoso para líderes contemporâneos. Sua capacidade extraordinária de manter serenidade, tomar decisões eficazes e comunicar-se claramente, mesmo sob grande pressão, não apenas resolveu crises históricas, mas criou um legado duradouro de inspiração e resiliência. Líderes empresariais de hoje podem encontrar inspiração nessas lições valiosas, usando crises como oportunidades para reafirmar sua missão central, reforçar seus valores fundamentais e cultivar confiança e lealdade duradouras em suas equipes e stakeholders.

Ao integrar essas lições atemporais em suas práticas de liderança, os gestores podem transformar desafios aparentemente insuperáveis em oportunidades de crescimento significativo, inspirando confiança profunda e construindo uma base sólida e duradoura para suas organizações e suas comunidades. Em última análise, a gestão eficaz de crises, conforme exemplificada por Jesus, não se trata apenas de sobrevivência momentânea, mas da oportunidade única de fortalecer valores essenciais e criar um legado verdadeiramente inspirador.

Capítulo 8

Inovação e Mudança - O Modelo Revolucionário de Jesus para Transformação Organizacional

A verdadeira inovação e a capacidade de introduzir mudanças eficazes exigem coragem, visão e a habilidade de desafiar confortavelmente o status quo. A vida e a liderança de Jesus Cristo exemplificam perfeitamente esses atributos, pois ele constantemente desafiou normas estabelecidas, introduziu novas perspectivas e promoveu transformações profundas e duradouras. Este capítulo oferece uma análise detalhada e inspiradora sobre como a abordagem inovadora e corajosa de Jesus pode servir como um modelo revolucionário para líderes contemporâneos que buscam cultivar a inovação e conduzir mudanças significativas dentro de suas próprias organizações.

Desafiando a Sabedoria Convencional

Jesus frequentemente questionava abertamente as normas culturais e religiosas de sua época, estimulando as pessoas a pensarem criticamente sobre valores e tradições arraigadas. Ele não hesitava em ir contra as expectativas sociais, oferecendo interpretações revolucionárias sobre justiça, misericórdia e igualdade. Este mesmo espírito corajoso é encontrado em líderes empresariais contemporâneos como Steve Jobs, fundador da Apple, que revolucionou completamente o mundo da tecnologia ao desafiar a forma convencional de criar e consumir produtos digitais. Ao enfrentar corajosamente resistências internas e externas, Jobs transformou a maneira como interagimos com tecnologia, criando um legado duradouro que redefiniu uma indústria inteira.

Estabelecendo uma Nova 'Cultura Organizacional'

Jesus introduziu uma nova abordagem cultural fundamentada em princípios de amor, compaixão e inclusão. Sua mensagem era clara: o valor verdadeiro de uma comunidade reside na igualdade e no cuidado mútuo. De forma semelhante, Kim Jordan, CEO da New Belgium Brewing, construiu uma cultura corporativa fundamentada em sustentabilidade, respeito ao meio ambiente e responsabilidade social. Sob sua liderança visionária, a empresa tornou-se não apenas lucrativa, mas também uma referência global em práticas empresariais éticas. Essa transformação cultural, como a introduzida por Jesus, enfatiza a importância de alinhar as ações diárias com valores fundamentais que inspiram orgulho, comprometimento e engajamento profundo entre todos os membros da organização.

Abraçando Mudanças e Promovendo Adaptação

Jesus entendeu profundamente que a mudança era inevitável e necessária para o crescimento espiritual e comunitário. Ele preparou continuamente seus seguidores para aceitar e abraçar mudanças, mesmo quando elas exigiam sacrifícios pessoais significativos. Em tempos modernos, líderes visionários como Sundar Pichai, CEO do Google, demonstraram capacidade semelhante, antecipando proativamente mudanças e preparando suas organizações para adaptação rápida, como foi evidenciado na resposta ágil e eficaz do Google à pandemia global, garantindo continuidade e produtividade através de uma transição fluida para trabalho remoto e virtualização dos processos empresariais.

Desafiando a Sabedoria Convencional

Através de parábolas e ensinamentos impactantes, Jesus frequentemente encorajava seus ouvintes a desafiar suas próprias suposições e pensar além das limitações tradicionais. Ele usou metáforas simples, porém profundas, que continham verdades poderosas capazes de alterar perspectivas e inspirar novas ações. Empresas contemporâneas, como a Tesla sob liderança visionária de Elon Musk, adotam abordagens semelhantes ao desafiar radicalmente convenções estabelecidas na indústria automotiva e energética. Ao lançar veículos elétricos altamente desejáveis e soluções sustentáveis para energia, a Tesla não apenas transformou a percepção pública sobre mobilidade, mas também acelerou a inovação e redefiniu o mercado global de veículos.

Foco na Missão em Face do Perigo

Jesus demonstrou determinação incomparável e foco absoluto em sua missão, mesmo ao enfrentar ameaças e adversidades extremas. Sua caminhada resoluta em direção a Jerusalém, onde ele sabia que enfrentaria a morte, simboliza o comprometimento inabalável com seus princípios e objetivos finais. Da mesma forma, líderes empresariais como Ursula Burns, ex-CEO da Xerox, mostram como manter uma visão clara e foco determinado durante crises e desafios de mercado garante que a organização permaneça alinhada e resiliente, mesmo em tempos difíceis.

O Uso de Comunicação Clara e com Propósito

Em situações de crise, a habilidade de Jesus para se comunicar com clareza e significado profundo destacou-se. Ele não apenas transmitia informações; suas palavras transmitiam esperança, conforto e direção clara. Líderes empresariais eficazes, como o saudoso Arne Sorenson, CEO da Marriott durante a crise do COVID-19, demonstraram que uma comunicação honesta, transparente e intencional pode inspirar confiança, solidariedade e resiliência em toda a organização, fortalecendo a coesão e permitindo uma recuperação mais rápida e forte após o período de crise.

Transformando Adversidades em Oportunidades

Encerramos este capítulo enfatizando que seguir o exemplo de Jesus em tempos de crise oferece aos líderes contemporâneos um modelo robusto e inspirador para transformar adversidades em oportunidades reais de crescimento e inovação. A capacidade de enfrentar desafios com tranquilidade, propósito claro e ação decisiva não apenas resolve problemas imediatos, mas também fortalece a organização e seus seguidores para o futuro. Ao cultivar resiliência organizacional e manter foco constante na missão, os líderes contemporâneos podem garantir um legado de sucesso sustentável e inspirar uma confiança e lealdade duradouras, tornando suas organizações exemplos vivos da capacidade humana de superar adversidades com coragem, compaixão e inovação contínua.

Este capítulo demonstra que seguir os princípios exemplares de Jesus na gestão de crises permite não apenas enfrentar adversidades, mas também prosperar através delas, criando organizações robustas e duradouras que deixam legados inspiradores para as próximas gerações.

Capítulo 9

Sustentabilidade e Legado - Cultivando Crescimento e Influência Duradoura com Jesus

Sustentabilidade e legado são muito mais que conceitos corporativos modernos; são pilares fundamentais que definem líderes que almejam impactar positivamente gerações futuras. Jesus Cristo é o mais poderoso exemplo histórico dessa verdade. Sua liderança não foi apenas momentânea ou superficial; foi profundamente estratégica, destinada a cultivar um crescimento duradouro e uma influência que transcenderia séculos e culturas. Este capítulo se dedica a examinar detalhadamente como Jesus construiu um legado sustentável através de suas ações, ensinamentos e influência, oferecendo um guia inspirador e prático para líderes empresariais contemporâneos que buscam criar organizações e culturas que perduram além de seu tempo.

Plantando Sementes para o Crescimento a Longo Prazo

Através de parábolas como a do semeador, Jesus ensinou a importância da paciência, da visão a longo prazo e do investimento contínuo em valores fundamentais que produzem frutos sustentáveis ao longo do tempo. Ele ensinou que nem todas as sementes produzem frutos imediatamente, mas aquelas plantadas em solo fértil inevitavelmente gerarão resultados abundantes. Em contextos empresariais modernos, essa lição pode ser vista na estratégia adotada por empresas como a Amazon, liderada por Jeff Bezos, que consistentemente prioriza investimentos de longo prazo em inovação e infraestrutura sobre lucros imediatos, garantindo crescimento robusto e contínuo por décadas.

A Construção de Comunidades e o Poder da Rede

Jesus não apenas transmitiu ensinamentos individuais; ele construiu uma rede sólida e comprometida de seguidores que garantiram a perpetuação de sua mensagem muito além de sua vida terrena. Esta capacidade de criar comunidades comprometidas e auto-sustentáveis é um aspecto crítico da liderança duradoura. Líderes empresariais, como Ray Anderson, fundador da Interface Inc., utilizaram esse princípio ao transformar suas empresas em modelos pioneiros de sustentabilidade, criando comunidades empresariais conscientes que inspiraram toda uma indústria a repensar suas práticas. Anderson não apenas criou um legado dentro de sua própria organização, mas também ampliou sua influência para além das fronteiras corporativas, promovendo uma mudança profunda e sistêmica.

Desenvolvendo Líderes para a Sustentabilidade

Jesus dedicou grande parte de seu tempo desenvolvendo e capacitando líderes que seriam capazes de continuar sua missão após sua partida. Ele investiu pessoalmente em seus discípulos, preparando-os para assumir responsabilidades e multiplicar sua mensagem pelo mundo. Essa prática crucial é vista claramente em líderes empresariais como Jack Welch, da General Electric, que dedicava grande atenção à mentoria e ao desenvolvimento de líderes internos, garantindo que sua organização mantivesse força e direção mesmo após sua aposentadoria. Esse modelo de liderança transformacional, inspirado na prática de Jesus, fortalece significativamente as organizações ao garantir continuidade de visão e compromisso organizacional.

Incentivando a Inovação Contínua

Jesus constantemente desafiou seus seguidores a pensar além das convenções tradicionais, encorajando-os a explorar novas formas de pensar e agir que permitiriam que sua mensagem florescesse em diversas culturas e eras. Esse espírito de inovação constante é vivamente refletido em empresas modernas como a Google, liderada inicialmente por Larry Page e Sergey Brin, onde a inovação contínua e o questionamento constante do status quo são valores centrais da cultura corporativa. Ao incentivar experimentação e adaptação contínua, essas empresas permanecem relevantes e dinâmicas, sempre preparadas para enfrentar novos desafios e oportunidades.

Persistindo Apesar das Adversidades

A resiliência de Jesus diante das adversidades é particularmente inspiradora. Ele manteve firme sua visão e propósito, mesmo enfrentando críticas ferozes, perseguições e dificuldades extremas. Este princípio é refletido por líderes empresariais como Elon Musk, que, apesar das críticas, desafios financeiros e barreiras regulatórias significativas, persistiu firmemente em sua visão revolucionária para o transporte elétrico e a exploração espacial. A resiliência e determinação desses líderes destacam a importância crucial da persistência frente à adversidade para criar uma influência duradoura e um legado significativo.

Comunicando com Clareza e Convicção

A habilidade excepcional de Jesus em comunicar-se claramente, especialmente durante tempos de crise e adversidade, permitiu-lhe guiar e fortalecer aqueles ao seu redor, consolidando sua influência duradoura. Líderes modernos que adotam uma comunicação transparente e autêntica, como Arne Sorenson, ex-CEO da Marriott, que navegou através da crise do COVID-19 com mensagens claras e empáticas, reforçam sua credibilidade e fortalecem a confiança dos stakeholders. A comunicação eficaz em crises, inspirada pelo exemplo de Jesus, cria uma base sólida de confiança e lealdade, essencial para o sucesso sustentável.

Este capítulo encerra com uma poderosa reflexão sobre como o legado e a sustentabilidade estão interligados à capacidade do líder de inspirar e cultivar crescimento duradouro. O exemplo de Jesus oferece aos líderes contemporâneos uma visão clara e inspiradora de como criar organizações que não apenas resistem ao teste do tempo, mas que prosperam continuamente. Ao adotar princípios de investimento paciente, desenvolvimento de lideranças, inovação constante, comunicação eficaz e resiliência, os líderes de hoje podem deixar um legado organizacional profundo e positivo que influenciará gerações futuras.

A verdadeira liderança transformacional não se limita ao sucesso imediato; é aquela que planta sementes que florescem muito além de sua gestão direta. Ao seguir o exemplo de Jesus, líderes empresariais podem garantir que suas organizações não só sejam eficazes e bem-sucedidas hoje, mas também estejam preparadas para criar um impacto positivo e inspirador no mundo por gerações.

Conclusão

"Jesus Cristo: O Maior CEO de Todos os Tempos"

À medida que encerramos nossa exploração da vida e dos ensinamentos de Jesus Cristo sob a perspectiva da gestão e liderança empresarial, é evidente que os princípios que Ele exemplificou transcendem as barreiras do tempo, cultura e religião. A sabedoria de Jesus, quando aplicada ao mundo dos negócios, oferece uma abordagem revolucionária que pode transformar não apenas indivíduos e organizações, mas também a sociedade como um todo.

Jesus, como o arquétipo do líder supremo, demonstrou uma visão clara, uma capacidade inigualável de construir e manter uma equipe diversificada, a habilidade de gerenciar conflitos com empatia, e uma estratégia para comunicar uma mensagem que ressoou e perdurou. Sua liderança servidora estabeleceu um paradigma para o empoderamento e a delegação, incentivando a inovação e mudança, e promovendo sustentabilidade e um legado duradouro.

Neste livro, exploramos como os líderes empresariais podem adotar a sabedoria de Jesus para cultivar equipes fortes, enfrentar crises com confiança, e inspirar inovação e mudança. Vimos como a ênfase de Jesus em construir relacionamentos genuínos, servir aos outros e manter uma visão coerente pode informar a prática da liderança em qualquer contexto.

A conclusão é clara: ao seguir o exemplo de Jesus, líderes podem alcançar mais do que o sucesso material; eles podem cultivar um senso de propósito, comunidade e bem-estar que beneficia a todos. As lições de Jesus sobre liderança servem como um guia para criar um impacto que não é apenas imediato, mas que ressoa através das gerações, construindo empresas que são sustentáveis, resilientes e que verdadeiramente servem à sociedade.

Ao refletir sobre "Jesus Cristo: O Maior CEO de Todos os Tempos", somos chamados a considerar não apenas a nossa eficácia enquanto líderes, mas também o legado que desejamos deixar. A liderança inspirada por Jesus vai além de métricas e margens de lucro para tocar o coração da experiência humana, convidando-nos a liderar com compaixão, visão e um compromisso inabalável com valores que elevam e enriquecem todos os envolvidos.

Este livro não é somente uma comparação entre dois mundos, mas um convite à reflexão sobre o poder da liderança transformacional e como ela pode ser aplicada para criar um futuro melhor para líderes, seguidores e comunidades ao redor do mundo.

Apêndice

Ferramentas para Reflexão e Desenvolvimento de Liderança

Este apêndice é projetado como um recurso para líderes e grupos de estudo que desejam explorar mais profundamente os conceitos discutidos neste livro. Ele contém uma série de ferramentas projetadas para facilitar a reflexão pessoal, o desenvolvimento de liderança e a aplicação prática das lições de liderança extraídas da vida de Jesus.

A. Guia de Discussão para Grupos de Estudo

1. Visão e Missão:

- Como a visão de Jesus se compara à visão de sua organização?

- De que maneira sua organização comunica sua missão aos funcionários e clientes?

2. Construção de Equipe:

- Discuta a diversidade em sua equipe e como ela contribui para diferentes pontos de vista e inovação.

- Quais métodos sua organização usa para gerenciar personalidades diversas e resolver conflitos?

3. **Gerenciamento de Conflitos:**

- Compartilhe um exemplo de como a comunicação aberta e honesta resolveu um conflito em sua organização.

- Qual papel a empatia e a assertividade desempenham em sua estratégia de liderança?

4. **Empoderamento e Delegação:**

- Discuta momentos em que a delegação foi eficaz em sua organização e o que poderia ser melhorado.

- Como você equilibra a necessidade de controle com a confiança na equipe?

5. Estratégias de Marketing:

- Que histórias sua organização conta para conectar-se com seu público?

- Como sua organização utiliza ações simbólicas para fortalecer sua marca?

6. Liderança Servidora:

- Em que áreas sua liderança poderia ser mais servidora?

- Discuta como a humildade e o serviço aos outros podem ser incorporados na cultura corporativa.

7. Gestão de Crises:

- Que lições sua organização aprendeu com crises passadas?

- Como a liderança pode melhor comunicar durante tempos de crise?

8. Inovação e Mudança:

- Como sua organização incentiva a inovação?

- Discuta um exemplo de quando sua organização desafiou o status quo com sucesso.

9. Sustentabilidade e Legado:

- Quais práticas sua organização tem para garantir sua sustentabilidade?

- Como você gostaria que seu legado de liderança fosse lembrado?

B. Perguntas para Reflexão Pessoal e Desenvolvimento de Liderança

1. Autoavaliação:

- Como você define sucesso em termos de liderança?

- Quais qualidades de liderança de Jesus você vê em si mesmo e quais você gostaria de desenvolver?

2. Planejamento e Objetivos:

- Quais são seus objetivos de liderança a curto e longo prazo?

- Como você pode incorporar os ensinamentos de Jesus em sua estratégia de liderança?

3. Cultura Organizacional:

- De que maneira a cultura de sua organização reflete os valores que você considera importantes?

- Como você pode promover uma cultura de inovação, respeito e serviço?

4. Desenvolvimento de Competências:

- Que habilidades você precisa desenvolver para melhorar sua liderança?

- Quais recursos ou treinamentos são necessários para avançar essas habilidades?

5. Mentoria e Desenvolvimento de Equipe:

- Como você pode servir melhor à sua equipe e promover seu desenvolvimento?

- Quais métodos de mentoria você pode implementar para capacitar outros líderes?

Este apêndice serve como um ponto de partida para aprofundar o entendimento e a aplicação dos princípios de liderança discutidos ao longo do livro. A intenção é que líderes e equipes usem essas ferramentas para crescer e se desenvolver, trazendo uma mudança positiva para suas organizações e comunidades.